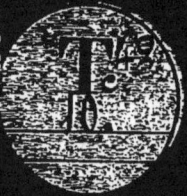

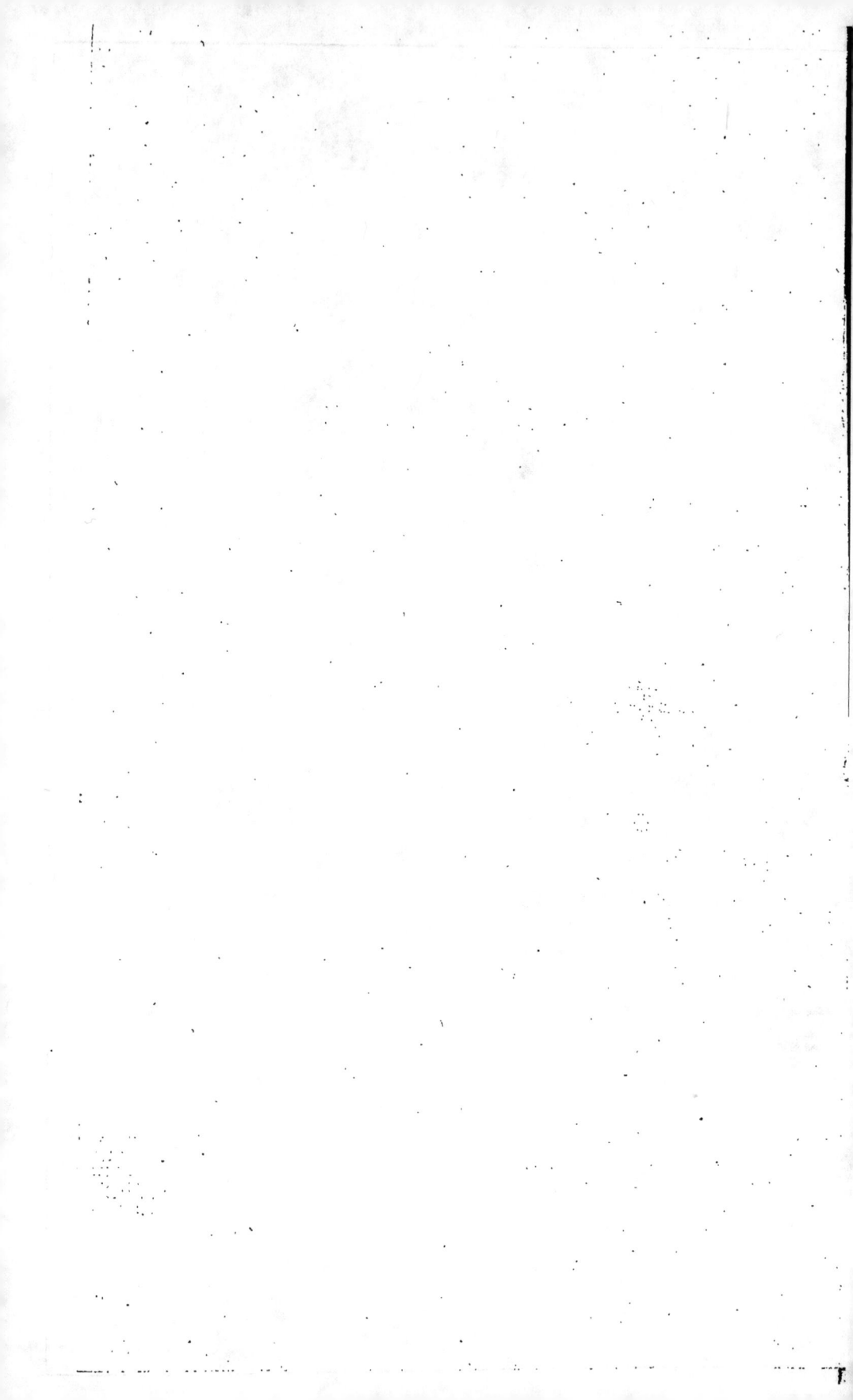

ÉTUDE D'HYGIÈNE PUBLIQUE

DE

L'ÉCLAIRAGE ÉLECTRIQUE

DANS LES THÉATRES

PAR LE

Dr GEORGES MARTIN

Officier d'Académie,
Lauréat de la Faculté de Médecine de Paris (Médaille de première classe),
Membre de la Société de Médecine et de Chirurgie de Bordeaux,
Membre du Conseil central d'Hygiène et de Salubrité
de la Gironde

BORDEAUX

G. GOUNOUILHOU, IMPRIMEUR DE LA FACULTÉ DE MÉDECINE

11. — RUE GUIRAUDE — 11

1887

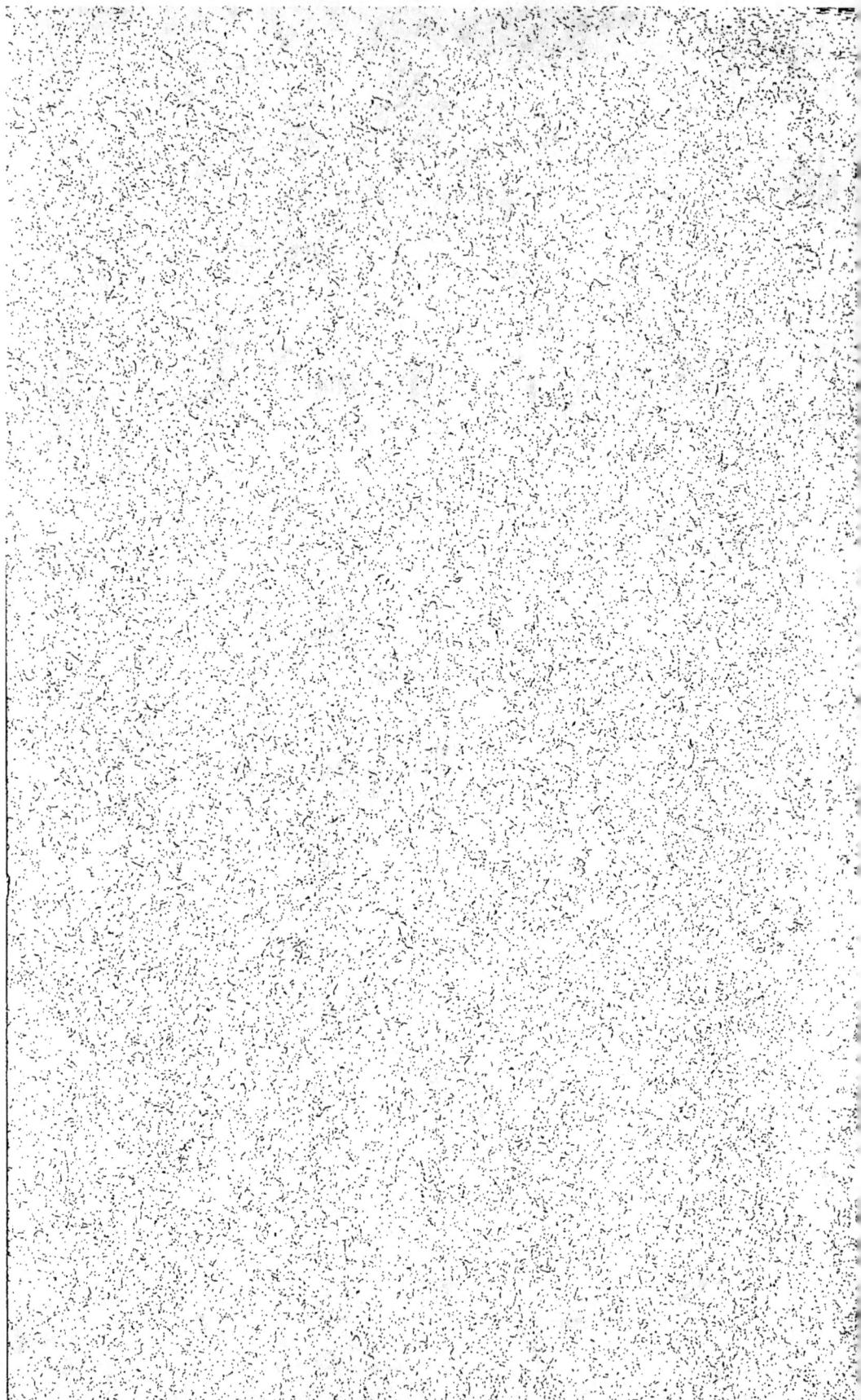

ÉTUDE D'HYGIÈNE PUBLIQUE

DE

L'ÉCLAIRAGE ÉLECTRIQUE

DANS LES THÉATRES

PAR LE

Dr GEORGES MARTIN

Officier d'Académie,
Lauréat de la Faculté de Médecine de Paris (Médaille de première classe),
Membre de la Société de Médecine et de Chirurgie de Bordeaux,
Membre du Conseil central d'Hygiène et de Salubrité
de la Gironde.

BORDEAUX

G. GOUNOUILHOU, IMPRIMEUR DE LA FACULTÉ DE MÉDECINE
II — RUE GUIRAUDE — II

1887

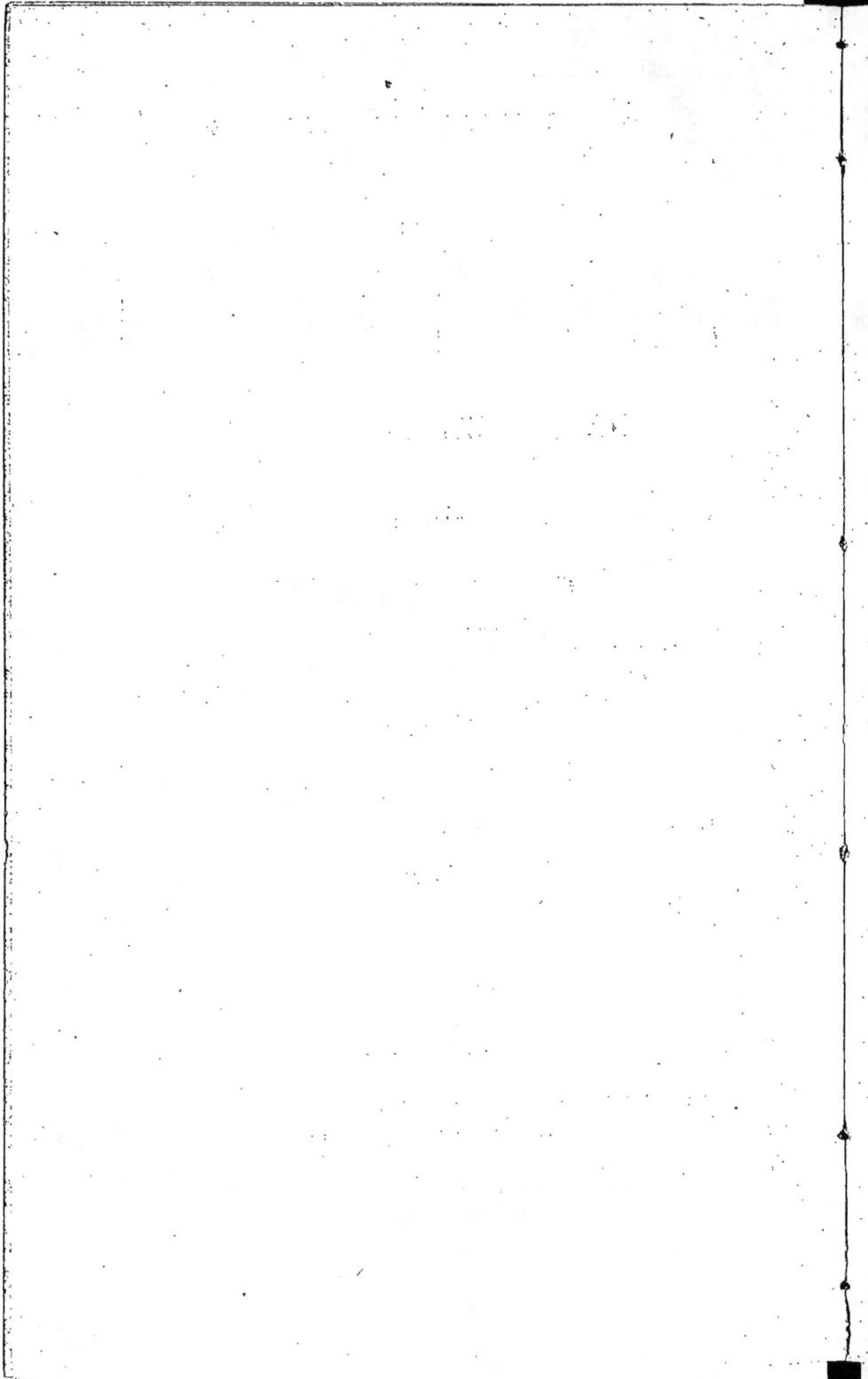

DE

L'ÉCLAIRAGE ÉLECTRIQUE

DANS LES THÉATRES [1]

(ÉTUDE D'HYGIÈNE PUBLIQUE)

———————— ✦✕✦ ————————

Dans le discours que l'honorable M. Goblet a prononcé sur les tombes des nombreuses victimes de l'incendie de l'Opéra-Comique, il se trouve un avis que chacun, dans sa sphère, doit s'efforcer de mettre en pratique : « Souvenons-nous des morts de cette catastrophe, a dit l'ex-président du Conseil des ministres, afin de prévenir, autant qu'il dépendra de nous, le retour d'événements aussi funestes. » Il ajoutait : « Relevons-nous pour vivre et pour agir. »

Dans un but de prophylaxie, nous avons eu l'idée de rechercher quelle était la cause la plus fréquente des incendies dans les théâtres et quel était le meilleur moyen pour y porter remède.

Le feu peut prendre dans toutes les parties d'un théâtre, mais l'endroit qui est le plus souvent le foyer primitif des incendies graves, impossibles à maîtriser, entraînant la mort d'un plus ou moins grand nombre de personnes, est la scène.

La fréquence et le danger des incendies dans cette partie de l'édifice résultent de ce double fait, que nulle part les flammes éclairantes ne sont en aussi

(1) Travail communiqué à la Société de Médecine et de Chirurgie de Bordeaux dans la séance du 1er juillet 1887, publié dans le *Journal de Médecine de Bordeaux*, n° du 10 juillet 1887.

grande quantité et que rien n'est plus inflammable
que les nombreux objets qui figurent sur la scène.

Le danger engendré par les diverses flammes est
variable.

Les feux de la rampe sont loin de présenter à l'heure
actuelle les inconvénients d'autrefois. Depuis l'emploi
des becs de gaz à courants d'air dirigés de haut en
bas, les accidents sont devenus presque impossibles.
A l'époque, du reste, l'on n'avait généralement à
déplorer que des accidents, fort tristes il est vrai,
mais limités à une seule personne : le feu prenait à la
jupe d'une danseuse, une brûlure souvent mortelle en
était la conséquence, mais rarement la pauvre victime
allumait un incendie général.

Les becs de gaz qui brûlent sur les portants, et
principalement ceux des herses, sont bien plus redoutables. Les ordonnances de police ont beau prescrire
que ces diverses flammes soient entourées de grillages
protecteurs, en fil de fer, ces flammes sont toujours
là, nombreuses, menaçantes, très chaudes, préparant
la complète dessiccation des bois et des toiles, qu'un
soir elles embraseront en quelques secondes.

Dans les décors, on entend par *portants* les mon-
tants en bois, à poste fixe, qui soutiennent les coulisses.
A ces poteaux sont adaptés des becs de gaz, en grand
nombre, superposés et tous peu éloignés de châssis
garnis de toiles peintes qui servent à la décoration
latérale.

Les *herses* sont des appareils d'éclairage, constitués
par de longs tubes métalliques, situés dans les parties
hautes de la scène, allant des coulisses d'un côté à
celles de l'autre côté, percés de plusieurs trous munis
de becs de gaz qui servent à éclairer vivement la
décoration. Le nombre des herses varie selon les
scènes. Au Grand-Théâtre de Bordeaux, on en compte
dix, toutes situées parallèlement, à des hauteurs diffé-

rentes; elles sont distantes les unes des autres d'environ un mètre et demi.

C'est entre ces herses, au milieu de leur enfilade de flammes, que tombent verticalement les *frises,* c'est-à-dire de nombreuses toiles peintes, destinées à figurer les ciels et les plafonds.

Cette courte description de l'éclairage d'une scène suffit pour montrer que, chaque soir, pendant la durée d'une représentation, tout y est préparé pour l'incendie. Qu'un grillage vienne à se détacher, qu'un robinet régulateur des flammes soit, par hasard, trop largement ouvert, il n'en faut pas davantage pour mettre le feu aux coulisses ou aux frises. C'est ainsi que se déclarent la majeure partie des incendies.

La cause initiale du mal bien connue, on doit se hâter d'y apporter remède.

Les moyens préservateurs sont de deux sortes : Rendre incombustibles les décors, et remplacer, pour l'éclairage de la scène, le gaz par l'électricité.

L'article 16 de l'Ordonnance du Préfet de police de 1881 prescrit « de rendre tous les décors ininflammables au moyen d'une préparation spéciale, avant la mise en scène; ils seront essayés, au point de vue de l'ininflammabilité, devant la Commission des théâtres ou devant un de ses membres délégué à cet effet. Ces essais seront renouvelés tous les six mois au moins, et ils seront constatés, chaque fois, par l'application d'un cachet sur différents points ».

La présente prescription a été faite aux théâtres de Paris, à la suite d'un concours ouvert par la Société d'encouragement, dans le but de rechercher un produit rendant ininflammables tous les décors d'une scène. Ces expériences donnèrent lieu à un rapport de M. Andrieux, Préfet de police, à M. le Ministre de l'Instruction publique et des Beaux-Arts, rapport

dans lequel le Préfet exposait en ces termes le résultat
du concours :

« Ce concours a eu lieu ; un procédé a été pré-
senté à la Société, qui, sur le rapport de M. Troost,
chimiste-expert, en a félicité l'auteur et lui a accordé
une prime. Il n'appartient pas à l'Administration de
prescrire l'emploi de ce produit ou de tout autre ; mais
elle peut exiger aujourd'hui que les décors et acces-
soires soient rendus ininflammables. »

Les expériences faites avec ce produit, auquel son
inventeur a donné le nom d'*ignifuge,* eurent lieu,
pendant dix-huit mois consécutifs, au Palais-Royal et
au théâtre du Châtelet.

Dans ce dernier théâtre, on a pu voir, chaque soir,
un simulacre d'incendie de vaisseaux, dont les mâts,
enduits de ce produit, résistaient aux flammes.

Ces faits et bien d'autres montrent, sans conteste,
qu'il est possible d'obtenir l'ininflammabilité d'une
toile ou d'un bois recouvert de peinture.

Mais une question importante se pose : quelle est
la durée de la préservation conférée aux décors par
les divers enduits ? Les décors ainsi préparés sont-ils
à tout jamais incapables de donner lieu, en brûlant,
à une production de flammes, ou cette immunité n'est-
elle que momentanée ?

La fin de l'article 16 de l'Ordonnance de police plus
haut citée dit : « Des essais seront renouvelés tous les
six mois au moins. » Cette phrase semble prouver que,
dans l'esprit des membres de la Commission, cette
préservation ne serait que passagère.

Il ne saurait en être autrement : tous les produits
chimiques se transforment et perdent, à la longue,
leurs propriétés premières. Les hautes températures
qui règnent dans les parties supérieures d'une scène,
éclairée au gaz, doivent précipiter probablement cette
décomposition. La garantie offerte par les enduits

ininflammables n'est donc qu'incomplète, et par conséquent relative.

Du reste, il est présumable qu'à l'avenir, comme par le passé, les règlements de police le mieux élaborés ne seront pas suivis d'une parfaite exécution. Il est présumable que plus d'une fois les décors des théâtres resteront plus de six mois sans être contrôlés. N'est-il pas également probable que, par suite du grand nombre des décors qui figurent dans un théâtre, plus d'un échappera aux visites de la Commission.

La conclusion qui s'impose est donc celle-ci : Il faut exiger l'emploi des enduits ininflammables, mais il ne faut pas croire que cette prescription assure à la scène une immunité complète contre l'incendie. Le danger subsistera tant que des flammes de gaz brûleront en très grand nombre près des décors.

L'éclairage électrique — tel qu'il est actuellement adopté dans un assez grand nombre de théâtres — fait cesser entièrement les risques provenant si fréquemment des frises et des portants.

A l'heure actuelle, le véritable éclairage des lieux publics est celui à l'électricité. La période d'études et de tâtonnements est passée. Divers appareils ont fait leurs preuves. Déjà l'on s'en sert avec avantage pour l'éclairage des usines, des manufactures, des ateliers, des mines, des hôtels, des navires, des hôpitaux, des écoles et des salles de réunion. Chaque jour signale de nouvelles installations. Nous avons appris avec une vive satisfaction, par la lecture du procès-verbal d'une des dernières séances du Conseil municipal de notre ville, que la nouvelle salle de délibération de cette Assemblée sera éclairée à l'électricité.

Ce sont surtout les théâtres qui sont appelés à bénéficier des récentes et importantes améliorations qui viennent d'être apportées à ce mode d'éclairage.

Ils en bénéficieront, parce que les sources lumineuses électriques actuellement adoptées sont incapables de communiquer l'incendie aux parties voisines.

Dans les lampes à incandescence pure, on le sait, la lumière électrique est produite par l'élévation de température d'un corps médiocrement conducteur ou peu fusible, traversé par un courant électrique et placé dans une boule en verre où le vide a été pratiqué. Le corps choisi par les divers systèmes est le charbon. Lorsque la lampe fonctionne, le charbon incandescent, par suite de la présence du globe de verre, ne peut communiquer le feu aux matières combustibles qui pourraient venir à son contact; et, si le globe se cassait, le danger serait encore nul, parce qu'aussitôt la lampe s'éteindrait.

L'idéal d'un éclairage de théâtre est donc trouvé. Les incendies, si fréquents sur la scène, ne se produiront donc pas là plus souvent que dans les autres parties de l'édifice, où, pour les mêmes motifs, ils deviendront moins nombreux qu'autrefois.

En 1881, à la suite de l'incendie du théâtre de Nice, le Préfet de police de la Seine, dans l'ordonnance qu'il promulgua dans le but d'écarter, autant que faire se pourrait, les chances d'incendie des théâtres, ne crut pas devoir imposer l'usage exclusif de la lumière électrique.

La Commission chargée de la rédaction de cette ordonnance avait été amenée à cet avis par les expériences qu'elle avait entreprises, dans ce but, à l'Opéra.

Elle trouvait que la divisibilité de la lumière n'avait pas encore reçu la sanction de la pratique et que, par conséquent, son emploi n'excluait pas celui de tout autre mode d'éclairage.

Elle ajoutait : « C'est une illusion assez commune que de croire la lumière électrique absolument exempte de dangers. La rupture de courants puissants développe des températures considérables; par suite, l'installation défectueuse, le mauvais état des fils, sont autant de causes qui pourraient, dans certains cas, déterminer des accidents et commencements d'incendie. »

L'exposition d'électricité qui eut lieu quelques mois après la promulgation du rapport de la Commission, se chargea de prouver que la première critique n'était pas réelle. La divisibilité de l'éclairage électrique reçut, à cette date, une évidente consécration, par la présence et le bon fonctionnement des divers systèmes à incandescence. Quant au second reproche, il serait réel si, dans la pratique, l'on n'employait, comme la Commission l'avait fait, que des tensions exagérées. En utilisant 400 éléments pour ses expériences, alors qu'un nombre beaucoup moindre eût été suffisant, la Commission a surtout démontré qu'il est toujours possible de rendre dangereuses des choses qui le sont fort peu naturellement.

Nous avons tenu à rappeler ces faits et à leur adresser les critiques qu'ils méritent, par ce motif que l'on rencontre des personnes qui sont encore influencées par les premières mésaventures de l'éclairage électrique et qui croient toujours qu'il est susceptible d'engendrer des dangers. Toute chose a son mauvais côté, quand on ne sait pas encore s'en servir.

Alors, on pourrait être exposé à utiliser des courants trop forts, ou à employer, comme l'a fait la Commission, des bougies à arc de Jablochkoff, excellent système pour donner beaucoup de lumière, mais système insuffisant dans les théâtres, au point de vue d'une préservation réelle de l'incendie, car les charbons brûlant à l'air libre, si le globe de verre vient à se casser, peuvent communiquer directement le feu aux matières combustibles voisines ou, indirectement, au moyen de particules incandescentes qu'ils lancent à distance.

En outre, la Commission avait été mal inspirée de s'adresser au système Jablochkoff, qui n'avait que l'avantage d'être économique et qui présentait sur les systèmes à régulateurs contemporains, entre autres défauts, l'intermittence et la variation de lumière, l'impossibilité d'une graduation et d'un rallumage automatiques. Ajoutez qu'il donnait lieu à un bruit fort désagréable.

Au contraire, avec les systèmes d'éclairage électrique à incandescence pure, aucun de ces inconvénients n'existait plus déjà à cette époque.

Avec ces systèmes, on emploie, à vrai dire, des tensions encore fortes, mais elles sont localisées aux abords même de la machine et ensuite réparties peu à peu par branchements successifs sur un grand nombre de conducteurs où l'énergie du courant devient si minime que la production d'une étincelle dangereuse ne peut être prévue.

Au niveau de fortes tensions, les fils échauffés peuvent parfois communiquer le feu aux parties voisines. C'est là un fait réel et on raconte que, l'année dernière, à l'Opéra, il n'y a pas eu moins de douze incendies partiels ayant cette origine.

Ces incendies, allumés par les conduits électriques, ne sauraient avoir de l'importance ; ils se déclarent forcément dans des endroits éloignés de la scène, dans des points où le feu trouve peu de matériaux de propagation. Ces accidents ne doivent point écarter de l'emploi de l'électricité ; ils ne prouvent qu'une seule chose : que l'installation des fils était défectueuse. L'année dernière, aucun accident de cette nature n'est arrivé au théâtre du Palais-Royal. Pour peu que l'on prenne les précautions indiquées par les règlements de police, on se met à l'abri des conséquences engendrées par un courant trop fort.

L'Ordonnance de 1881 prescrit que les fils de communication seront parfaitement isolés et placés dans des conduits incombustibles. En outre, rien n'est plus facile de placer, de distance en distance, des coupe-circuits formés d'un disque en bois ou mieux en cristal dans lequel le courant passe au moyen d'un fil en plomb. Si, par hasard, les conducteurs s'échauffaient, le point de fusion du plomb serait atteint bien avant celui du cuivre, le circuit serait ouvert et le courant, ainsi arrêté, ne pourrait pas occasionner d'incendie.

Par suite des perfectionnements apportés à l'éclairage électrique depuis l'Ordonnance de 1881, ce que la Préfecture de police ne pouvait, il y a six ans, imposer aux théâtres de Paris, le Conseil municipal vient d'en voter la prescription, en 1887, à la suite de la terrible catastrophe de l'Opéra-Comique. Désormais donc, il faut l'espérer, tous les théâtres de la capitale seront éclairés à l'électricité, et un certain nombre de ceux de province, par suite des mesures prises par les autorités locales, vont être pourvus de ce même éclairage.

Le Maire de Lyon vient en effet de prendre un arrêté rendant obligatoire l'éclairage électrique de la scène, de la salle et des dépendances des établissements suivants : Grand-Théâtre, Célestins, Bellecour, Variétés, Gymnase, Casino, Scala.

A Saint-Étienne, la municipalité s'est entendue avec la Compagnie du Gaz, chargée exclusivement de l'éclairage des bâtiments communaux, afin de substituer au théâtre l'éclairage électrique à celui du gaz. Dans trois mois, à l'ouverture de la saison théâtrale, tout sera installé. Une machine de quarante chevaux produira l'électricité nécessaire pour éclairer quatre cents lampes Edison de dix bougies chacune.

Des essais très satisfaisants, disions-nous, il y a un instant, ont été entrepris de tous côtés. A l'heure actuelle on compte environ une centaine de théâtres qui sont éclairés à la lumière électrique. Nous citerons parmi les principaux :

Le Savoy-Théâtre de Londres, où furent installées, en décembre 1881, 1,158 lampes à incandescence du système Swan;

Le théâtre de Brünn avec 1,384 lampes Edison;

Le théâtre de la Scala de Milan, avec 2,500 lampes Edison;

L'Opéra de Paris qui, dans le mois de mars dernier, a vu terminer son installation, digne de lui et qui ne comprend pas moins de 6,500 lampes Edison pour la partie réservée au public.

A Paris, il existe, en outre, six autres théâtres qui depuis une ou plusieurs années ont adopté l'éclairage électrique. Ce sont : l'Hippodrome, le Châtelet, les Variétés, l'Ambigu, l'Eden-Théâtre et le Palais-Royal.

Ce sont ces derniers théâtres qui devront servir de modèles pour les installations à faire. Là on trouvera des renseignements pratiques que l'on ne rencontrera pas à l'Opéra, car, dans cet édifice gigantesque, tout y prend des proportions anormales que ne comportent pas les théâtres d'une dimension moindre.

Néanmoins, il nous paraît utile de rappeler brièvement les divers essais qui y ont été entrepris au point de vue de la recherche du meilleur foyer lumineux.

A partir de 1881, on fit, à ce théâtre, des expériences multiples, tous les systèmes furent installés : les grands foyers Jablochkoff illuminaient les vestibules; la rampe et le foyer des abonnés recevaient des lampes Swan; le foyer du public, des lampes-soleil, des becs Edison et des lampes Maxim. Les résultats de ces expériences sont restés longtemps sans caractères tranchés. En 1884, il fut décidé qu'on emploierait la lumière Edison pour la scène, les couloirs et la salle, dont le lustre néanmoins recevrait des lampes à arc voltaïque. Le foyer devait être éclairé par des lampes-soleil.

Depuis cette époque on modifia cette détermination. Les lampes-soleil et les lampes-arc furent bannies de l'intérieur de l'édifice, et aujourd'hui l'éclairage électrique par incandescence a conquis sa place dans toutes les parties de l'Opéra. Seule la façade est illuminée à l'aide d'arcs voltaïques. La façade-péristyle possède dix foyers Jablochkoff et la façade-loggia, huit arcs Picper.

La dernière installation d'éclairage électrique dans les théâtres de Paris mérite de nous arrêter : c'est celle du Palais-Royal. Elle date d'un an, c'est la plus complète qui existe après celle de l'Opéra. Il y a en tout 430 lampes Edison. Il n'y a d'arc nulle part. La rampe comprend 32 lampes de 20 bougies, en verre dépoli; la scène, 100 lampes de 10 bougies pour les herses et 24 de 20 bougies pour les portants. La salle est admirablement éclairée par 165 lampes de 10 bougies, placées au milieu des pendeloques de l'ancien lustre à gaz dont le pouvoir lumineux était de $1/5$ en moins. Le lustre est desservi par trois fils différents. L'extinction ne peut donc être complète, à moins qu'elle ne provienne de la machine; et dans ce cas, elle ne dure que quelques secondes, une autre machine étant toujours en pression. Le rallumage serait effectué avant que le public ait eu le temps d'avoir peur. Du reste, les ténèbres ne pourraient jamais être complètes, grâce à la présence obligatoire de lampes à huile supplémentaires.

Dans cette installation tout est à double : chaudière, machine à vapeur, dynamo, canalisation.

D'après tous les électriciens, il faut toujours deux machines. Un de leurs axiomes est : « Que lorsqu'on n'en a qu'une, on n'en a pas. »

Chaque soir, la moitié de ce matériel est en marche;

l'autre moitié est prête à fonctionner, en cas de besoin.
Il existe, en outre, une batterie de 27 accumulateurs
Faure, de 40 Ampères, toujours en charge. Cette
batterie, indispensable pour les répétitions et le service
du jour — car il n'y a plus de gaz dans ce théâtre —
assure l'allumage constant d'un certain nombre de
lampes, pendant toute une représentation, dans le cas
improbable où les deux machines viendraient à ne
pouvoir fonctionner.

La plupart des théâtres qui ont adopté l'éclairage
électrique, l'ont introduit dans toutes les parties de
l'édifice: aussi bien dans la salle que sur la scène,
dans les coulisses que dans les bâtiments d'administration; ils l'ont installé partout où les dangers
d'incendie pouvaient être restreints par l'exclusion du
gaz. Nous avons vu quelque part que dans des théâtres
allemands, éclairés à l'électricité, l'on avait tellement
peur du gaz et des lampes à esprit-de-vin que dans les
chambres des artistes on avait placé des fourneaux
électriques pour chauffer les fers à friser.

Le gaz doit être banni pour un autre motif: il peut
donner lieu à des explosions dans les diverses parties
de l'édifice où sa présence sera conservée. Les explosions des machines à vapeur nécessaires à la production
de l'électricité sont bien moins à craindre. Rien n'est
plus facile que de placer ces machines — bien moins
dangereuses qu'autrefois — dans des locaux éloignés
des théâtres.

Convient-il de remplacer les lampes à huile, régle-
mentaires à Paris, qui éclairent les corridors et les
escaliers, par les lampes électriques?

Jusqu'à ces temps derniers, les lampes à huile
puisaient dans l'atmosphère ambiante l'air utile à leur
combustion. Comme il est d'observation que, lors d'un
incendie, ces appareils s'éteignent rapidement, les gaz

résultant de l'incendie étant impropres à leur alimen-
tation, on a pensé qu'il conviendrait de les enfermer
dans des globes de verre ou de mica, clos du côté de
la salle, de les alimenter par l'intermédiaire d'un tube
amenant l'air du dehors et de faire échapper les
produits de leur combustion au moyen d'un autre tube
s'ouvrant à l'extérieur.

Mais la mise en pratique de cette idée n'est pas
toujours réalisable : la prise d'air n'est pas toujours
facile à établir.

D'un autre côté, l'éclairage électrique des corridors
et des escaliers présente un inconvénient sérieux : l'incendie peut débuter du côté des machines; les fils
peuvent se rompre; une fausse manœuvre peut être
exécutée; dans ce cas, toutes les lampes électriques
s'éteindraient subitement et plongeraient le public
dans les plus affreuses ténèbres.

Selon nous, avec l'éclairage électrique, les lampes
à huile devraient toujours être obligatoires, et, dans
le cas où la prise d'air ne pourrait pas être effectuée
à l'extérieur, l'éclairage électrique de chaque escalier
et de chaque corridor devrait être desservi par plusieurs circuits. On ne saurait prendre trop de précautions pour assurer les voies de dégagements en cas
d'incendie.

Ce n'est pas seulement au nom de la sécurité qu'il
convient de ne pas limiter l'éclairage électrique à la
scène, il faut le généraliser à tout l'édifice, en vertu de
divers principes de salubrité nullement respectés par
le gaz.

L'éclairage des salles de spectacles par ce corps
entraîne, en effet, divers inconvénients bien connus
des hygiénistes et du public. Il vicie l'air de la salle et
échauffe, outre mesure, sa température. Rien de semblable avec l'électricité.

Les causes de viciation de l'air par le gaz sont au nombre de trois :

1° Le gaz est d'abord nuisible par ses fuites. Sorti des tuyaux, il souille l'atmosphère tant par sa présence que par celle de ses impuretés ordinaires.

2° Ce corps contient des éléments inutiles à sa combustion et que cette combustion transforme en produits nuisibles, ce sont : le soufre, l'ammoniaque, l'oxyde de carbone.

La combustion du soufre contenu dans l'hydrogène sulfuré produit des vapeurs d'acide sulfureux et sulfurique qui sont très irritantes. L'ammoniaque ne brûle pas, au moins avec les becs fendus, à flamme en ailes de chauve-souris, dits *becs ordinaires* ou de *Bunsen* et donne lieu à la formation du cyanure d'ammonium, sel à la fois toxique et volatil. L'oxyde de carbone du gaz n'est pas entièrement consommé, même quand les becs sont bien construits, tel que celui dit d'*Argaud*.

3° Enfin, le gaz d'éclairage ajoute à l'atmosphère des théâtres des produits malsains qui résultent de la combustion de ses éléments fondamentaux. Il engendre un certain chiffre d'acide carbonique qui vient s'ajouter à la quantité déjà énorme versée par la respiration des spectateurs.

Pettenkoffer [1], en 1883, a montré par des observations comparatives entreprises dans la salle du Residenz Theater de Munich, qu'avec l'éclairage électrique, la teneur, en acide carbonique, de l'air de la salle vide, au bout d'une heure, à la troisième galerie, était accrue seulement de 0,2 $^0/_{00}$, tandis qu'avec l'éclairage au gaz, dans les mêmes conditions, il y avait une unité de plus de la teneur initiale. A la première galerie, au bout du même temps, on notait, avec l'électricité, une augmentation de 0,1 $^0/_{00}$ et de 0,96 avec le gaz [2].

[1] *In Arch. f. Hygiène,* Munich.
[2] La petite différence qui existait alors de l'éclairage électrique

Les recherches que Renk (¹) a faites dans le Grand-Théâtre de Munich, éclairé par 1,400 lampes Édison, parlent dans le même sens. Elles prouvent que le gaz augmente considérablement la proportion d'acide carbonique, l'électricité nullement.

La chaleur dégagée par la combustion du gaz est énorme, tandis que celle résultant de l'éclairage électrique est minime. La théorie, l'expérimentation et la pratique se donnent ici la main pour confirmer ce fait.

Le calcul a démontré à M. Laurbé (²) que, à lumière égale, l'arc voltaïque dégage 150 à 200 fois moins de calorique que le gaz brûlant dans des becs.

M. Guérout (³) a trouvé que le bec de gaz emploie théoriquement 17 fois plus de chaleur que la lampe à incandescence pour donner le même pouvoir éclairant.

Les expériences de M. Fischer (⁴), en 1883, sont, de leur côté, très probantes. Pour une intensité lumineuse de 100 bougies, au bout d'une heure, l'éclairage au gaz dégage de 1,500 à 12,150 calories, selon la nature des becs employés; tandis que, dans les mêmes conditions, la lampe à incandescence n'engendre que 290 à 536 et l'arc voltaïque seulement 57 à 158 calories.

Les résultats des mesures thermométriques faites par Pettenkoffer, à Munich, en même temps que les dosages d'acide carbonique dont il a été question, sont tout à l'avantage de l'électricité. La salle vide, la température de l'air du théâtre avec l'éclairage au gaz augmentait :

Aux fauteuils d'orchestre, de........... 1°,3
Aux premières galeries, de .... 3°,2
Aux troisièmes galeries, de .... 9°,2

entre le chiffre trouvé à la première et troisième galerie, provenait de la présence d'une quinzaine de personnes dans la salle.

(¹) *Revue d'hygiène*, juin 1885.
(²) *La Lumière électrique*, 1879.
(³) *Idem*.
(⁴) *Journal de Dingler*, 1883.

Tandis que dans les mêmes conditions l'éclairage à l'électricité donnait seulement une augmentation :

Aux fauteuils d'orchestre, de.............. 0°,3
Aux premières galeries, de................. 0°,8
Aux troisièmes galeries, de................ 0°,9

On le voit, au bout d'une heure, dans la salle vide, le thermomètre n'avait pas monté d'un degré aux fauteuils d'orchestre ; aux troisièmes galeries, l'augmentation de température était dix fois plus forte avec le gaz qu'avec la lumière électrique.

Lors de la présence de 5 à 600 personnes dans la salle, la différence est moindre. Avec le gaz, il y a eu une augmentation de 7°4 à la troisième galerie, et seulement de 4°2 avec l'électricité. Renk (la salle contenant 1,500 à 1,800 spectateurs) a trouvé à la cinquième galerie, avec le gaz, 29°, et avec l'électricité, 23° seulement.

Nous devons à l'obligeance du directeur du Palais-Royal des chiffres bien significatifs. Lorsque la température extérieure était de 19°, aux deux tiers de la représentation, vers dix heures trente minutes, on trouvait à l'orchestre 21°, aux premières galeries 22°, aux troisièmes galeries 24°. Un autre soir, à la même heure, avec une température extérieure de 23°, à l'orchestre on notait 24°, et aux troisièmes galeries 26°. Autrefois, avec le gaz, on avait parfois des températures de 35° et 40°.

Dans le journal la Nature (n° 28, août 1886), nous trouvons une note digne d'être reproduite : « Depuis que l'électricité a remplacé le gaz à l'Opéra, on a constaté un abaissement notable de la température dans la salle pendant les représentations. Il y a quelques jours, par 26° de chaleur en ville pendant la journée, on a relevé le soir à l'Opéra, vers le milieu de la soirée : 20° à l'orchestre, 18° aux premières loges, 20° aux secondes, 21° aux troisièmes et quatrièmes

galeries, et 16° seulement aux cinquièmes loges, qui
sont, il est vrai, en communication directe avec les
ventilateurs du plafond. »

Citons encore un passage de l'article *Éclairage,* du
Dictionnaire de Dechambre, dû à la plume du D. Gariel,
le savant professeur de physique de la Faculté de
médecine de Paris :

« Dans une conférence faite à la Société des ingé-
nieurs électriciens de Londres, M. Crompton a indiqué
les résultats d'observations faites dans une salle
contenant 3,100 personnes. La salle étant éclairée au
gaz, la température prise au plafond s'éleva en trois
heures de 15°,5 à 37°. Avec la lumière électrique,
l'élévation de la température, après sept heures, fut
seulement de 1°. La quantité de chaleur due à la
combustion du gaz équivalait à celle qui aurait résulté
de la présence de 4,000 personnes en plus. »

Si le gaz développe plus de calorique que l'électricité, cela résulte de ce fait que sa flamme, en plus de
la chaleur rayonnante émise par tout corps porté à
une haute température, échauffe une colonne d'air
sans cesse renouvelée.

Une expérience bien simple, indiquée par M. Du-
règne, ingénieur des télégraphes, dans son excellent
article *sur l'éclairage électrique considéré au point
de vue de l'hygiène* (1), prouve cette différence. Si l'on
approche la main d'une lampe à incandescence, on
sent dans toutes les directions la même chaleur; si
l'on vient ensuite à la placer latéralement à la même
distance d'un bec de gaz, on éprouvera encore la
même sensation; mais cette main portée au-dessus
de la flamme ne peut s'y maintenir sans crainte d'être
brûlée; elle ne s'y maintiendra qu'autant qu'on la
portera plus haut.

(1) *Revue sanitaire de Bordeaux,* 1885, n° 30.

Faisons remarquer que la chaleur donnée par le gaz n'est ni hygiénique ni utile.

Elle n'est pas hygiénique, car on n'arrive pas à la régler. Elle se manifeste surtout au moment et dans les parties du théâtre où elle fait le moins besoin. Elle n'est pas utile, car, en hiver, le chauffage de la salle doit être effectué bien avant son éclairage.

On peut dire que la chaleur émise par le lustre est nuisible. Il est difficile, en effet, de concevoir un lustre sans une vaste ouverture immédiatement au-dessus. Or, cette disposition produit un appel d'air si fort de la scène vers la salle, qu'elle constitue le motif le plus puissant de propagation d'un incendie de cette partie du théâtre à l'autre. On raconte que, lors de l'incendie du théâtre de Vienne (Autriche), qui se déclara quelques minutes avant le commencement de la représentation, une immense flamme troua subitement le rideau décoratif et se précipita avec une violence inouïe vers le lustre.

Pour éviter une propagation des incendies de la scène à la salle, l'appel d'air ne doit plus s'opérer par la cheminée de faîtage de la salle, mais par une vaste ouverture pratiquée au-dessus de la scène. Cette importante modification doit se faire même avec l'usage de la lumière électrique, car la présence de cet éclairage, tout en diminuant considérablement les chances d'incendie de la scène, ne les fera pas entièrement disparaître. Cette partie du théâtre restera toujours, comme par le passé, exposée à certains dangers d'incendie. Les lumières portées à la main, les pièces d'artifice seront toujours là pour communiquer le feu aux matières inflammables, qui, quoi que l'on fasse, se rencontreront toujours sur la scène.

On doit se demander si en supprimant complètement le gaz l'on ne nuit pas à la ventilation de la salle? A la vérité, le gaz rachète sa puissance de viciation par une activité ventilatrice énergique due à la chaleur qu'il dégage. Néanmoins, l'absence de la chaleur du gaz n'a pas semblé compromettre, d'une manière sensible, l'aération des salles où l'électricité s'est installée en maîtresse absolue. La chaleur dégagée par les spectateurs a paru suffisante pour établir les courants d'air nécessaires à la ventilation. Ce n'est pas que nous soyons d'avis qu'il n'y ait pas, à ce sujet, un grand pas à faire en avant. Nous pensons, au contraire, avec le professeur Layet [1], que « dans le cas d'éclairage électrique, il devient plus que jamais nécessaire de recourir à la ventilation artificielle, et nous reconnaîtrons volontiers que, de ce côté-là, des progrès peuvent être obtenus en assurant à l'air nouveau des conditions favorables de fraîcheur et de renouvellement absolument dépendantes du système employé [2]. »

L'hygiène des yeux réclame également l'installation de l'électricité dans les théâtres.

La lumière électrique, par la nature de ses radiations lumineuses et par l'intensité de ses foyers, est de toutes les lumières artificielles celle qui se rapproche le plus de l'éclairage naturel. A ce titre, on doit souhaiter que son emploi se généralise.

[1] *Dict. de Dechambre*, article *Éclairage*.
[2] Dans les expériences de Pettenkoffer et dans celles de Renk, la proportion d'acide carbonique encore existante dans une salle éclairée à l'électricité prouve la nécessité d'associer à ce mode d'éclairage une ventilation énergique. Nous ne pouvons nous étendre ici sur ce point. L'éclairage électrique est la question pressante, parce qu'elle assure une grande sécurité. Les problèmes concernant la salubrité exigent une solution moins rapide; néanmoins, il faudra les aborder. On doit trouver dans tout théâtre les conditions de bien-être que les Francfortois, par exemple, rencontrent dans leur Opéra : la température y est toujours la même, été comme hiver; c'est celle d'une chambre de malade. On distribue dans toutes les parties du théâtre, au moyen d'une installation modèle : le chaud, le froid, l'oxygène à respirer, si bien que, pendant les grandes chaleurs, on va à ce théâtre pour échapper à la lourdeur accablante de la rue.

La lumière électrique, comme celle du soleil, renferme toutes les couleurs du spectre. C'est le motif de sa blancheur. D'où il résulte que les objets conservent leurs couleurs et qu'il nous est possible de différencier les teintes les plus voisines. On a souvent critiqué cette blancheur : « La lumière électrique est, dit-on, trop pâle, trop blafarde. »

Ce reproche est tout à fait mal fondé. On comprend difficilement qu'un excès de qualité puisse devenir un défaut.

Mise en parallèle avec celle du gaz, la lumière électrique nous paraît trop blanche, ce n'est pas douteux ; mais, comparée à celle du soleil, elle prend des tons jaunâtres réels. Sa blancheur n'est donc que relative. Les expériences spectrophotométriques de Meyer [1] témoignent de l'écart qui doit exister entre la coloration de ces deux lumières. La lumière électrique doit paraître jaune, rougeâtre, car, d'un côté, elle est trop riche en rayons rouges et, d'autre part, elle est trop pauvre en rayons bleus pour transformer la lumière jaune en lumière blanche.

Sans aucun doute, la critique dont il est ici question ne durera pas longtemps. Elle tend à disparaître. Habitués que nous sommes à la lumière jaunâtre du gaz, nous avons voulu trouver les mêmes tons dans celle de l'électricité. Dans quelques années, quand l'usage de cette dernière sera entré dans la vie publique et privée, nous la préférerons à la lumière du gaz que nous trouverons alors trop jaune.

D'ailleurs, il est très facile, avec les foyers à arc et surtout avec les lampes à incandescence, de reproduire, au moyen de globes teintés, les tons jaunes auxquels notre œil ne peut encore se déshabituer.

Au nom de l'hygiène oculaire, on a formulé contre

[1] Centralblatt für Elektrotechnick.

là lumière électrique un autre reproche qui est certai-
nement plus théorique que réel. Les rayons très réfrangibles violets, des diverses sources d'électricité, et
tout particulièrement des foyers à arc, ont été accusés
d'être nuisibles aux yeux. Faisons remarquer, tout
d'abord, que les radiations violettes sont beaucoup
moindres qu'on pourrait le supposer *a priori*. Les
rayons les plus réfrangibles dépassent de $\frac{1}{100}$ seulement
la proportion de ceux de la lumière solaire (Meyer).

Affirmons, en second lieu, qu'il n'a jamais été établi
que les inflammations engendrées par l'électricité
soient dues à l'action prolongée des rayons chimiques.
C'est là une supposition qui n'est basée sur aucune
preuve.

Le travail de M. Regnault [1] prouve évidemment
que certains tissus de l'œil ont la propriété de devenir
fluorescents lorsqu'ils sont imprégnés par les rayons
violets et ultra-violets, mais il ne prouve rien en plus.
C'est donc à tort que cet auteur dit : « Les accidents
causés par l'action prolongée de la lumière électrique
doivent être rapportés à la fluorescence. »

M. Chardonnet [2], qui a répété les expériences de
Regnault, est moins explicite et moins affirmatif au
sujet des causes des dangers courus par la vue. Voici,
en effet, en quels termes il s'exprime : « Il est probable
que cette absorption par les milieux de l'œil n'a pas
lieu sans fatiguer l'organe. »

Selon ces expérimentateurs, la propriété qu'ont les
milieux de l'œil de devenir fluorescents, loin d'être
toujours un danger pour l'œil, serait parfois une
garantie.

Laissons la parole à M. Regnault pour expliquer
comment cette propriété peut être avantageuse :

« Par leurs courbures, la cornée et surtout le cris-

[1] *Répertoire de Pharmacie*, t. XVI.
[2] *Journal de Physique d'Almeida*, mai 1883.

tallin sont d'admirables lentilles ; par leurs propriétés
fluorescentes, ce sont de véritables écrans merveilleux,
perméables à la partie de la radiation qui développe la
sensation lumineuse, obstacles infranchissables à ces
rayons chimiques, inutiles pour la vision et redoutables
pour la membrane sensible.

» Aussi, quand les rayons ultra-violets arrivent à
l'œil en trop grande abondance, comme cela a lieu
dans quelques circonstances spéciales (arc électrique,
lumière solaire directe ou réfléchie par la neige ou les
sables), la cornée et le cristallin jouent leur rôle pro-
tecteur par rapport à la rétine, mais ils sont eux-mêmes
atteints par cet excès de rayons chimiques. »

Le danger pour l'œil n'arriverait donc que lorsque
les radiations ultra-violettes seraient en trop grande
quantité, alors la rétine recevrait de la cornée et du
cristallin une protection insuffisante.

Si la théorie de la fluorescence était vraie, on ne
devrait pas observer d'irritation ou d'inflammation de
la membrane sensible sans lésions concomitantes des
milieux transparents.

Or, ce n'est pas ce qui a lieu. Nous ne connaissons
pas de maladies primitives de la cornée ou du cristallin engendrées par l'électricité.

La grande intensité lumineuse des foyers incandes-
cents électriques est envisagée par tous les hygiénistes
comme une chose très avantageuse pour la vue. Javal
l'a proclamé : « Jamais l'éclairage ne sera trop fort. »
Quelque intense qu'il soit, il sera toujours d'une
excessive faiblesse. « Pour prouver combien est faible
le plus brillant éclairage artificiel, il suffit de faire
remarquer combien est insignifiante la clarté répandue
en plein jour par la plus forte lampe. Si l'on veut des
chiffres, disons qu'un lustre d'un million de bougies
donnerait dans une salle un éclairage bien inférieur

en intensité à celui que fournirait la lumière directe du soleil (¹). »

Au théâtre comme à l'école, plus on aura d'intensité dans la source lumineuse, plus la vision sera nette et moins l'organe visuel se fatiguera.

D'où vient donc que le public reproche à l'éclairage électrique d'être trop éblouissant? De ce que le public ne sait pas toujours se servir des lumières artificielles. Il est un principe d'hygiène oculaire que chacun devrait connaître et mettre en pratique, c'est que l'œil ne doit jamais voir la source lumineuse qui l'éclaire; en d'autres termes qu'il ne doit jamais recevoir de rayons directs.

L'oubli de cette loi d'hygiène résulte de ce fait qu'ayant l'habitude de nous servir de sources lumineuses fort peu intenses, nous ne prenons aucune précaution pour les écarter de nos yeux. Cette manière d'agir nous la conservons en présence de foyers plus intenses, et nous accusons la nature de la lumière d'être nuisible à nos yeux, alors qu'il n'y a de coupable que notre manière d'agir. En réalité ce n'est pas l'électricité qu'il faut incriminer, bien qu'elle ait, par exemple, dans la lampe à incandescence, un pouvoir éblouissant environ de sept à douze fois supérieur à celui du gaz; ce qu'on doit critiquer c'est l'ignorance ou l'imprudence des gens. Lorsque l'on regarde directement le soleil, la membrane sensible de l'œil souffre dans son fonctionnement et sa nutrition et des rétinites graves peuvent se produire. La radiation intense du foyer électrique engendre des accidents rétiniens moindres, mais encore assez sérieux. L'on a signalé également divers cas d'iritis et des conjonctivites légères.

Ce sont ces accidents oculaires, fort rares à vrai dire, que M. Regnault a la tendance à mettre sur le compte

(¹) *Annales d'Oculistique*, 1879.

de la radiation ultra-violette et sur celui de la fluorescence. Nous le répétons, ils sont dus à la grande intensité lumineuse des foyers électriques dont on ne sait pas se protéger.

Mais quand on prend le soin de cacher le foyer lumineux, soit au moyen d'écrans comme dans la lampe Jaspar, soit en projetant les rayons au plafond comme au bureau central des Télégraphes de Paris, soit comme dans les usines d'Allemagne, en interposant un plafond en verre dépoli, aucune autre précaution n'est nécessaire. Ce qui le prouve, c'est que dans les nombreuses installations faites depuis plusieurs années d'après les principes précédents, les intéressés ont été unanimes à reconnaître l'immense avantage qu'ils retiraient de ce mode d'éclairage, bien moins fatigant que ne l'étaient les becs de gaz. Dans aucun cas, on n'a été obligé de recourir aux verres d'urane dans le but de préserver l'œil des rayons ultra-violets.

La lumière électrique, excellente par elle-même, ne sera donc mal acceptée dans les théâtres que si on la fournit aux spectateurs par un éclairage établi contrairement aux lois de l'hygiène oculaire.

A vrai dire, dans les installations qu'on a faites jusqu'à ce jour, on ne s'est que peu préoccupé de cette question. Les foyers à arc voltaïque étaient trop puissants pour qu'on ne les entourât pas de globes opalins, mais il faut reconnaître que la préservation n'est pas toujours suffisante. Les lampes à incandescence dont le verre est dépoli sont bien moins irritantes pour la vue, mais cette précaution diminue l'intensité du foyer (1) et entraîne conséquemment une dépense plus grande. Aussi au théâtre du Palais-Royal, ainsi

(1) La déperdition que les globes dépolis font subir à la lumière n'est que de 23 %, au lieu de 60 % qu'entraîne l'emploi de verre opaque.

que nous l'avons dit, n'a-t-on fait usage de globes dépolis que pour l'éclairage de la rampe.

Quoi qu'il en soit, nous devons féliciter les administrateurs qui sont entrés spontanément dans la voie du progrès. C'est un devoir pour l'hygiéniste de saluer ce qui a été fait en bien. C'est également un devoir pour lui de montrer ce qui reste à faire pour parachever l'œuvre.

Si la lumière solaire est la plus agréable comme la plus salutaire à l'œil, c'est qu'elle nous arrive après avoir été tamisée, diffusée par les nuages. Dans l'éclairage d'une salle de spectacle, on doit chercher à imiter la nature, en reproduisant l'illusion d'un éclairement vertical par la voûte céleste. Autrefois, au Châtelet et au Théâtre-Lyrique de Paris, on a essayé de remplacer le lustre par un plafond lumineux. Pour cela on avait disposé une série de couronnes de becs à gaz dans le cintre. La lumière était réunie par un réflecteur sur une vaste plaque horizontale de glace dépolie, d'où elle se répandait dans toutes les parties de la salle. Cette amélioration fut accueillie avec satisfaction par les hygiénistes, mais elle entraînait la nécessité d'augmenter d'un tiers le nombre ou le débit des becs de gaz. Ces théâtres n'ont pas eu d'imitateurs. Mais actuellement le problème est tout autre, grâce à l'intensité des foyers à arcs voltaïques et au peu de dépense qu'ils engendrent.

Les foyers à arcs électriques que nous avons vus être à peu près exclus de l'éclairage de l'intérieur des théâtres par suite de l'intensité de leurs foyers et de la difficulté qu'il y a de s'en servir sur la scène, peuvent être fort utilement employés pour établir des plafonds lumineux. Leur intensité devient ici une qualité, et l'expérience faite à l'Hippodrome, où déjà depuis plusieurs années existent des foyers Jablochkoff, prouve que la dépense ne peut pas être supérieure à celle qu'entraîne l'éclairage ordinaire par le gaz d'une salle de spectacle. L'éclairage de l'Hippodrome, dont personne ne peut nier ni la puissance ni la beauté (¹), ne revient, tous frais compris, qu'à 250 à 260 francs par soirée, alors que l'éclairage très mesquin du gaz coûtait quotidiennement de 1,100 à 1,200 francs.

Un jour viendra où la dépense sera relativement bien moindre, car il ne faut pas oublier que nous sommes dans la période d'activité des brevets et que les divers inventeurs en profitent pour faire payer fort cher leurs machines.

Bien que le système du plafond lumineux soit très hygiénique pour la vue de tous les spectateurs d'un théâtre et surtout pour ceux des étages supérieurs, on restera probablement encore bien longtemps sans en généraliser l'emploi. Une salle, dit-on, privée du scintillement du lustre, « perd de son éclat et de sa gaîté ». Soit! Mais pourquoi sacrifier à un plaisir bien minime des yeux la santé de ces organes? Demandez, du reste, aux centaines de spectateurs qui, pendant la représentation, ont toujours devant eux le lustre, si cette vue leur est si agréable. Plus d'un rentrera chez lui les yeux gonflés, pour se réveiller le lendemain avec d'atroces douleurs de tête qui auront eu pour cause efficiente le rayonnement du lustre.

Nous venons de passer en revue les principaux bienfaits de la lumière électrique. Signalons, sans nous y arrêter, deux autres qualités propres à cet éclairage :

(¹) Les critiques que l'on a formulées, il y a quelques années, contre la lampe Jablochkoff doivent être sinon détruites, du moins très atténuées, vu les systèmes de régulateurs actuellement en usage. Ces régulateurs sont essentiellement économiques; ils ont une fixité absolue et, si l'on a soin, par l'interposition de verres coloriés, de remédier à la crudité de la lumière dont le foyer doit être soustrait à la vision directe, on obtient, comme cela a été résolu à l'Hippodrome et à l'Eldorado par exemple, des résultats très satisfaisants.

un degré hygrométrique moins élevé et l'absence de particules charbonneuses dans l'air.

Pour nous résumer, nous citerons les quelques lignes finales d'un remarquable travail sur les théâtres, du savant professeur d'hygiène de la Faculté de Montpellier.

« C'est le gaz, dit M. Bertin-Sans, qui entraîne ici les principaux risques, et le gaz n'est plus, nous l'avons vu, l'idéal sanitaire de l'éclairage théâtral. L'éclairage électrique, qui lui est de beaucoup supérieur par sa salubrité, aurait de plus l'immense avantage de ne pas provoquer des explosions, ni d'allumer des incendies. En supposant que certains visages y perdent quelque chose de leur beauté d'emprunt, il y aurait de quoi nous consoler d'une semblable déception dans une telle économie de vie humaine (¹). »

L'éclairage électrique s'impose. C'est un moyen sûr de restreindre considérablement le nombre des incendies graves conduisant à des deuils publics. Les commencements d'incendie devenant moins fréquents, les autres remèdes, prescrits ou non par les diverses ordonnances, perdront de leur importance. Mieux vaut empêcher la manifestation d'un mal que d'avoir à en atténuer les effets.

Que les administrateurs qui n'ont point encore pris de mesures, s'empressent d'imiter l'exemple qui leur est donné de divers côtés. Les décisions rapides et même audacieuses sont parfois les meilleures. Qu'ils usent, en attendant mieux, de toutes les ressources que leur confèrent les lois ou décrets existants, pour écarter un danger dont personne ne conteste l'imminence. Qu'ils ordonnent la mise en pratique des moyens le mieux appropriés aux besoins de leurs

---

(¹) *Dict. encycl. des Sc. méd.*, t. XVII, p. 34.

théâtres; qu'ils prescrivent, en tout état de cause, l'éclairage électrique, ce moyen sinon infaillible, du moins bien supérieur aux autres. Leurs Conseils municipaux ne leur marchanderont pas les fonds nécessaires. Les administrés se montreront reconnaissants quand viendra le jour où ce sentiment devra se produire.

Un bon administrateur des deniers publics n'est pas seulement celui qui gère avec économie les finances d'une ville, mais c'est également celui qui veille par ses mûres et sages dépenses à la conservation de la vie et des biens de ses concitoyens. L'heure des pleurs et des angoisses passée, on suppute la valeur de la vie d'un homme et la perte pécuniaire qu'entraîne sa disparition. Tout est mis dans la balance.

Nous n'avons point à faire l'examen des conditions hygiéniques présentées par tous les théâtres de Bordeaux. Nous n'avons pas non plus à indiquer les remèdes. C'est à la Commission des théâtres que ce soin incombe; c'est à la Municipalité à ordonner les mesures qu'elle jugera convenables. Néanmoins qu'il nous soit permis de dire que nous serions heureux de voir l'éclairage électrique dans tous les théâtres de Bordeaux.

Si, à l'époque où l'illustre architecte Louis a édifié le magnifique théâtre qui fait honneur à notre cité, l'éclairage électrique eût existé, il n'aurait pas hésité à en faire l'application au monument qu'il venait de créer. Ce que Louis n'a pu faire, Bordeaux doit avoir à cœur de l'exécuter. L'Administrateur qui apportera cette transformation aura bien mérité de ses concitoyens. Son nom sera digne de figurer à côté de celui de l'immortel architecte. Celui-ci aura créé une admirable scène, celui-là aura appelé à son aide les moyens les plus efficaces pour en assurer la conservation. De leur côté, les beaux-arts, jaloux de perpétuer ce monument remarquable à divers titres, applaudiront à la sage mesure administrative; les pauvres de la ville, heureux de voir leur patrimoine prendre de la valeur, en béniront les auteurs. Enfin les hygiénistes, eux aussi, seront satisfaits : un de leurs vœux les plus chers aura été entendu.

Bordeaux. — Imprimerie G. GOUNOUILHOU, rue Guiraude, 11.

322

www.ingramcontent.com/pod-product-compliance
Lightning Source LLC
Chambersburg PA
CBHW060754280326
41934CB00010B/2483